JN027244

パリスタイルで愉しむ
花生活12か月

Une année avec des fleurs

斎藤 由美
Yumi SAITO

日本文芸社

いつも心に花を

Prologue
プロローグ

「花は心のエステです」

これは私がパリで20年以上
花のレッスンを続け、確信している言葉です。
始めは緊張していた方も、初心者の方も
レッスンが終わる頃には満面の笑顔。
顔色もよくなり、自作ブーケを持った記念撮影では
みなさん輝きを放っています。

「花を飾ると運気が上がる」
「花にはアンチエイジング効果がある」
ともいわれています。

たった1輪でも、暮らしの中で
花を目にするたびに心が動きます。
花のおかげで気分よく、毎日笑顔でいられたら
運がよくなり、健康と美容にもいいのは明らか。

花を飾ることを特別なことと思わず
フランス人のように野菜や果物と同じ感覚で花を買い
季節と歩む日々を送れたら
暮らしはもっと優しくなります。
お気に入りのカフェと同じく
行きつけの花屋さんがあるのは心躍るものです。

本書では初心者にも親しみやすい
基本的な花活けテクニックや
器の選び方についても触れていますが
「うまく活けなくては」と思わないでください。

パリの花学校に通ったとき、そして
勤務先のホテル・リッツでレッスンしたときに驚いたのが
フランス人は見本通りに作るのではなく
どれだけ自分らしい表現をするかに意欲的だったこと。
人と比べたり、妙に卑下したりすることもなく
自分の思い通りにできた作品を前に、じつに満足げ。
先生も見本を忠実に再現するより
個性と工夫が感じられる部分を評価していたのです。

この体験から、人の目を気にしたり、人と比べたりせず
自分の感覚を信じて堂々と生きていく姿勢を学びました。

もうひとつ、パリの花生活が教えてくれたことは
「朽ちていく姿の美しさ」。
皺がより、昆虫の羽のように透き通る花びら。
触れるとカサカサと乾いた音がします。
命の終わりに抵抗するように
溶けてグロテスクな姿をさらすこともあれば
スイートピーのしぼんだ花の中から
みずみずしい小さなエンドウ豆が顔を出すことも。

どんな瞬間にも美しさが宿っていることに気づいたら
年齢を重ねることを恐れずに
そのときどきを謳歌していこうと思えます。

咲き誇る旬の花の美しさとともに
朽ちてもなお人を惹きつける花々の物語。
ページを開くたびに現れるさまざまな花の姿が
あなたの人生を彩る
ひとつのピースとなりますように。

Sommaire

もくじ

Petit atelier

Visite

La Chéraille

Granville

La Provence

※【使用花材】を表記したものには、レッスンに参加した方の作品も含まれます。

Janvier

/

Rose de Noël

ローズ・ド・ノエル

1月　クリスマスローズ

「冬の女王」とも呼ばれる、ノエルの頃に咲く花

　クリスマスの頃に咲く品種があることから、クリスマスローズと名づけられた花。フランスではローズ・ド・ノエルといいます。私がその魅力に気づいたのはパリに来てから。それまでは洋書で、くすんだピンクの花がアンニュイにうつむく姿しか見たことがなく、日本で行っていたレッスンでも使う機会がありませんでした。パリでは多くのフラワーショップの店先にクリスマスローズの鉢が並べられ、冬特有のグレーがかった空気に優しく溶け込んでいます。

　以前、パリで花の仕事を始めた友人に、「活動が根づきますように」と、クリスマスローズの鉢を贈ったことがあります。コケのついた枝、コケボクを数本、土に挿してひと工夫。数分でできる簡単アレンジですが、とても喜んでもらえました。このアイデアはほかの鉢物や枝でも応用できます。ヤシャブシのように実がついたものや、ミズキのように曲線がきれいな枝など。細い枝が挿しやすくておすすめです。

　切り花は茎をナイフで斜めに鋭くカットした後、十文字の切り込みを入れ、40度くらいのお湯につけておくとシャンとしてきます。同じ時期に出回るラナンキュラスと束ねれば、思わず目を細めてしまうブーケに。クリスマスローズは花が下に向いているので、ブーケにするときは、ほかの花の上や枝の股に乗せるように置き、茎を下方にそっと引っ張ると顔が上を向いて、美しい表情を愉しめます。うつむく姿を愛でるには、目線より高い場所に飾るといいですね。アンティークガラスやピューターの器に合いそうです。すぐにくったりしてしまう花、という印象のクリスマスローズですが、いったん水が揚がると、驚くほど長持ち。長い冬の暮らしを静かに彩ってくれます。

パリ近郊のフォイヤジスト（p.174 参照）の庭に咲くクリスマスローズ。同じ敷地で採取したツタとバラの枝で自ら編んだカゴの上に飾りました。陶器のゴブレットの下に小皿を敷くと安定感と装飾性が上がります。

【 使用花材 】 クリスマスローズ、ツタ、バラの枝

冬枯れの木立に凜と咲くクリスマスローズを表現。吸水性スポンジはコケでカバーし、花の色味と種類を抑えて。冬の静謐な空気が漂うコンポジション（アレンジメント）。

【使用花材】クリスマスローズ、ボケ、フウセントウワタ、コケ

ワイヤーやホルダーを使わないブーケ・ド・マリエ（花嫁のブーケ）。茎の周りを下向きの葉でカバーします。「ボルドー×フューシャ」はシックな色合わせ。

【使用花材】クリスマスローズ、ラナンキュラス、リラ、ビバーナム、アジアンタム

Janvier

/

Violette et Pensée

ヴィオレット エ パンセ

1月　スミレとパンジー

南仏から届く小さな花束

　1月はまだ日が短く、あっという間に夕闇が迫ってきます。そんな冬の週末は、パリ郊外にある友人の家で、ゆっくり昼食を愉しんだ後、森へ散歩に行くのがよい気分転換になっています。広々とした大地に目を凝らしてみると、小さく頭をもたげるスミレが。春はまだ遠く感じても、確実にやってくることを教えてくれます。

　パリのフローリストたちが仕入れを行うランジス花市場には、南仏で栽培される丈の長いスミレが出回ります。切り花のほか香水の原料、砂糖漬けやリキュールにしてお菓子に使われることも。産地のトゥレット・シュル・ルーでは2月末から3月頭にスミレ祭りが行われます。

　スミレははかない花で、数日でしおれてしまいます。どうせ長持ちしないならばと、水を入れたガラス花器にスミレの束ごといくつも沈め、水中花のようにしたディスプレイを見たときは驚きました。私が憧れ、修業することが叶ったパリの著名なフラワーアーティストの店「クリスチャン・トルチュ」でのことです。そこでは単に「花を売る」のではなく、「斬新なアイデアやデザインを売る」という気概にあふれ、同僚たちがいつもみんなを驚かせようと切磋琢磨していました。

　日本では20cmもあるスミレは出回っていませんが、代わりにフランスではお目にかかれない丈の長いパンジーが手に入ります。絶妙な混色、シルクのような質感と柔らかなウェーブ。単品で飾っても充分美しいですが、私はスイートピーやフリチラリア、ビバーナム、早咲きの桜と組み合わせるのが好きで、この時期に日本でのレッスンなどを企画して一時帰国するほどです。寒い時季ということもあり、パンジーは小さな蕾が次々と開いて、10日から2週間くらい愉しめます。

基本のブーケロン（丸いブーケ）にスミレを舞わせて。長持ちしないことを逆手に
取った常識を超える使い方。軽やかで優雅な曲線をスミレでデザインしました。

【使用花材】スミレ、ラナンキュラス、ユーカリ

森で摘んだ短いスミレを
ガラス花器に浮かべて。
南仏で購入したアンティ
ークレースとコーディネ
ートしました。

キューブにリボンを巻い
て花留めにし、パンジー
とシルバーリーフをあし
らったテーブルフラワー。
左はパンジーとスイート
ピーのブーケです。

パリのフラワーショップ
で見かけるスミレのブー
ケ。この形で南仏から入
荷します。写真のものは
1束7000円以上と高価。

Février

/

Mimosa

2月　ミモザ

パリジャンたちの顔もほころぶ、黄色の花

　パリの冬は、石畳との境界線があいまいなほど空がグレーで、ほぼ毎日、鉛色の空気に包まれます。11月から続く日照不足のせいで、周りに鬱々とする人が多くなる頃。私は「2月になったから、もう大丈夫！」と声をかけます。目に見えて日が長くなるのと、色を無くしていた街のあちらこちらにミモザが現れるからです。明るく弾ける黄色は「希望の光」といってもいいほど。大げさなようですが、ヨーロッパの冬を何回か経験すると、この喜びを実感できるでしょう。その証拠に、少し青くさい独特な香りのミモザを抱えて歩くと、険しい表情のマダムたちが目元を優しく緩め、メトロで向かい合わせたムッシューが微笑んでくれます。ミモザは真冬の太陽のごとく、みんなの心を温めてくれるようです。

　パリ郊外にあるランジス花市場に行くと、イタリアから届いたフサフサのミモザが台車いっぱいに売られています。「今年はなんだか入荷が早いなあ」などと言いながら、うれしそうなフローリストたち。

　すぐに乾いて長持ちしないのはわかっているけれど、ミモザと一緒に明るい気持ちを連れ帰りたい。そんなパリジャンにマルシェ（朝市）やフラワーショップ近くですれ違います。たっぷりとした1束が1500円程度と手頃な値段なのもうれしいところ。

　ある年の2月、花壇の上部に黄色いヴェールがかかっているのを発見し、ミモザが植栽に使われていたことを知りました。驚くことに寒いパリでもミモザの木が育つのです。庭やベランダのミモザを手折って食卓に飾り、シャンパーニュとオレンジジュースのカクテル「ミモザ」で乾杯。もうすぐ戻ってくる暖かい陽射しを待ちながら。

ミモザをたっぷり使ったシャンペトルブ
ーケ（野山のブーケ）。クラシカルなブ
ーケより高低差があり、野山の風が通り
抜けていくような自然なスタイルです。
【使用花材】ミモザ、アネモネ、ヘデラベリー

クリスマスローズが引き立つよう、ミモザの葉はすべてネトワイエ（下処理）しました。葉を取り除くことで、ふわふわな黄色がより強調されます。

【使用花材】ミモザ、クリスマスローズ、ヘデラベリー

レッスン作品の撮影中に通りかかり
その場で参加申し込みをしてくれたマダム。
「オリジナルで気に入ったわ！
友達に写真を送らなくちゃ」
国や言葉が違っても花がつないでくれる喜び。
フランス人とも心が通ったひとときでした。

「春の使者」ミモザが心に灯してくれる光は偉大。
太陽のようにまぶしい色に目を細め
まるでひよこのように優しく抱えて
青い香りを振りまきながら歩く早春です。

Mars

Tulipe

3月　チューリップ

花びらの形も色もバリエーション豊か

　花は詳しくないという人もチューリップは知っているのではないでしょうか。そのくらいポピュラーな花。パリでは日本よりかなり早く、1月から出回ります。

　パリに住んで最初の年だったでしょうか。マルシェでおじいさんが野菜や魚のスタンドに寄った後、ごく自然にチューリップも買っていく姿に衝撃を受けました。「年配の、それも男性が、まるで野菜や肉と同じように花を買うんだ！」と。おじいさんに引っ張られながら遠ざかるカートからオレンジ色のチューリップが顔を出していた光景は、今でも鮮やかに思い出せます。

　チューリップは童謡でおなじみの赤、白、黄色のほか、ピンク、濃紫、白と緑のバイカラーなど、豊富な色がそろうのも魅力。また、花びらの縁がギザギザしているフリンジ咲き、八重咲き、茎が50cm以上のほっそりしたフレンチチューリップなどバリエーション豊か。フラワーレッスンに参加される方々から「え？これもチューリップなんですか？」と言われることがよくあります。

　しなやかで奔放なチューリップは、この季節に出回る梅、スモモ、ボケなど花木と組み合わせると花の位置を固定しやすく、モダンな空間装飾にもなります。キュッキュッと音がするチューリップのみずみずしい茎に触れるのは、とても気持ちがいいもの。

　少々しおれてきても、そのまま観察を続けます。花びらが飴細工のように透き通ったり、ちりめんのような質感に変わっていったりする様子がじつに魅力的。花びらが外側にそって蕊を見せている姿は、まるで別の花を見ているようで、新鮮な発見があります。

オウムの羽が由来のパーロット咲きが開くと、一見チューリップとはわからない姿に。切れ込みのある肉厚な花びらが特徴で、斑入りの種類も多くあります。

【使用花材】チューリップ、ユーカリ、
ヘデラベリー

ガラス花器の周りを枝で囲み、ワイヤーで固定。丈の長いチューリップを同じ方
向にまとめて流しました。硬質な線と柔らかい曲線の対比を表現。

【使用花材】 フレンチチューリップ、スモモ

花が重く、茎がしなるチューリップを束ね
るときは、枝ものを使うと押さえが利き、
伸びやかさを出してくれます。結束の際、
茎が折れやすいので葉ものでカバーして。

【使用花材】チューリップ、フウセントウワタ、
クリプトメリア、ノワゼティエ(ハシバミの枝)

朽ちていく花の美しさを愛でる

　日本でフラワーアレンジメント教室を主宰していた頃、チューリップを使う機会は何度もありました。正直、特別惹かれる花ではなかったのですが、パリに住む今では、家に飾る時間がもっとも長い花になっています。球根から咲くチューリップはもともと長持ち。さらにしおれていく姿がハッとするほど魅力的なのです。日本にいるときは意識しなかった「花の朽ちていく美しさ」に心惹かれ、すっかり枯れてしまうまで変化を愉しんでいます。これは自身が年齢を重ねたから、というのもありますが、「花なら蕾、人なら若いことが美しい」と思わないフランス文化の影響を色濃く受けています。

　傷や汚れがない新品がよきもので、少しでも古くなったものは見栄えが悪く、商品価値も激減。次々に新しいものを消費していく社会とは違い、くたびれた表情に漂う哀愁や、衰えることで芽生える寛容に人生の味わいを見いだす。経験の浅い小娘より、数々の失敗も経て知恵を身につけたマダムに敬意を払う。「フランスは大人が愉しい国」といわれるのは、この辺に理由がありそうです。

　また、なんでも形がそろっているのがよいわけではなく、違いがおもしろいという「個性」を重んじるフランス。「人の目」「世間の常識」という縛りが少ないので、美に対する意識も幅が広いのです。「人がどう思おうと私はこれを美しいと思う」と堂々としていられるし、「人は人だから自分の意見と違って当たり前」とも思えます。自分の感覚を信じ、なおかつ自分と違う他人の感覚も認める。違いを裁くとか、矯正しなくていい。パリからはそんなエスプリを学び、花との関わり方も年々変わっていくのがおもしろい、と我ながら思っています。

Mars

/

Fleurs de cerisier et Magnolia

フルール・ド・スリジエ　エ　マニョリア

3月　桜と木蓮

フランスで桜に匹敵するのが、木蓮

　パリから郊外行きの電車で南へ約15分のところにソー公園があります。面積181ha（ヘクタール）。東京ドーム約40個分、シャトーも有する壮大な公園です。その一角に白い桜だけを集めた園と、濃いピンクの八重桜の園があり、3月末からはアジア人でにぎわいます。フランスでは公園での飲酒が禁じられていますが、花見の宴には寛容なよう。異文化に対するリスペクトがあるところが、フランスのいいところのひとつ。Sakuraという単語もBento同様、普及し始めています。

　パリの街には濃いピンクの八重桜が圧倒的に多く、華やかで主張が強い感じがパリジェンヌによく似ています。5区にあるクリュニー中世美術館の裏に咲く桜がソメイヨシノにもっとも近く、毎年開花を愉しみにしています。「いちばん好きな花は？」と尋ねられたら「桜」と即答。花はもちろん、若葉も、紅葉も、葉を落とした枝の風情も、艶やかな木肌も、つまり一年中、どんな姿にも惹かれるからです。

　フランスで日本の桜に匹敵するのが木蓮。公園や庭に必ずといっていいほど植えられており、女王級の存在感です。大人の握りこぶしほどある大きな花が集まっている様子は、夜見るとぼんぼりが灯されているかのよう。わが家の前の小さな公園にも木蓮が植えられていて、隣の桜と同時期に咲く様子は、まさに春爛漫です。

　銀のビロードをまとったような蕾のシルエットも絵画的。私がレッスンを行うフラワーショップ「ローズバッド」には、木蓮を自宅用に求めるムッシューたちがやってきます。「近所だからこのままでいいよ」と包装なしでさらっと抱えて帰る姿に見とれてしまいます。

ブーケを上から見たところ。大地から生えているように高低差をつけたアネモネ
20本の間から、アイビーが伸び上がり、桜が春の訪れを告げます。それぞれの花
を生かすよう、組み合わせはシンプルに。

【使用花材】 サクラ、アネモネ、アイビー、クリプトメリア

Avril

/

Lilas et Viburnum

4月　リラとビバーナム

春爛漫を謳うピンクの花木

　ランジス花市場はオランダから輸入される花が8割を占めます。60ほどあるスタンドは仲卸という形態ですが、その一角に生産者のスタンドがあり、近郊の花農家が栽培する旬の花だけが並んでいます。花が少ない冬の間はがらんとしたさびしいスペースですが、4月になるとリラが登場。日本ではライラックとして知られている花です。すると一角が冬眠から覚めたように活気づき、しばらく顔を合わせなかった生産者とフローリストが、うれしそうにあいさつを交わします。

　リラの隣には相方のようにビバーナムが並びます。日本に輸入されるものは高級で水が下がりやすいイメージですが、ここでは庭木という感じで気軽に使える価格。4月から6月まで、ブーケにボリュームと明るさ、動きを出してくれる万能選手です。

　リラとビバーナムは、ナイフで茎をそぐよう斜めにカット、あるいはハサミで十文字に切り込みを入れます。大量に水揚げするときはハンマーで枝を叩き割ることも。その後、リラはぬるま湯につけ、葉を取り除くと長持ちします。もともとそれほど長持ちしない花ですが、そんなことよりパリの人々はかぐわしいリラの束を抱え、ウキウキする気分を家に持ち帰るのが大事と思っているようです。

　リラの季節はちょうどパック（イースター、復活祭）と重なります。リラとノワゼティエ（ハシバミの枝）の銅葉、アイビーを庭から摘んで食卓に飾ったり、あちらこちらに隠した卵型のチョコレートを競って見つけたり。パックのごちそうは白アスパラガスと仔羊が定番。こうしてフランスの「行事」と「花」と「食」はセットになって、春の幸せな記憶として刻まれるのです。

生産者のスタンドを埋め尽くすビバーナムにときめき、
薄紫、赤紫、淡いピンク、白と、色とりどりのリラにうっとり。
清楚な一重も豪華な八重咲きも甲乙つけがたく
ここにある花材だけをたっぷり使ったブーケを
いつか気持ちよく束ねてみたいものです。

散歩中、むせるような甘い香りに気づくと頭上にリラが。蜂が忙しそうに飛び回っています。庭木としてはポピュラーなリラですが、白い花は少数派です。

クリスマスローズ、リラ、
ビバーナムでモーヴ色の
ブーケを束ねます。間違
いのない可愛さです。

しおれやすいリラの葉は
取り除き、ビバーナムの
葉を添えて。テーブルに
少しの花があるだけで心
豊かな空間が生まれます。

咲き方の異なるビバーナ
ムの花と葉に、グラミネ
（穂）を加えたグリーン
だけの爽やかなテーブル
フラワー。

Mai

/

Muguet
ミュゲ

5月　スズラン

大切な人の幸福を願って贈り合う花

　5月1日に大切な人の幸福を願ってスズランを贈り合うというフランスの習慣は、近頃日本でも知られるようになりました。この日はフローリストだけでなく、誰でもスズランを売ることができるので、駅や広場、公園前などに簡易スタンドが設けられ、朝からにぎやかです。

　スズランも切り花だとミモザ同様、2、3日で枯れてしまいますが、「長持ち」より「気持ち」を贈ることが大事。フォトジェニックなので、お気に入りの雑貨とスタイリングし、写真に残すというのも愉しみ方のひとつです。

　スズランは単品で飾ると可憐な姿が引き立ちます。ほかの花と組み合わせるのなら、バラやシャクヤクのように存在感の大きい花ではなく、グラミネ（穂）と総称されるイネ科の雑草や、ビバーナムのようなグリーンの花と合わせると魅力を生かすことができます。

　ある年、マレ地区にスタンドを設置して、スズランを販売する友人フローリストのお手伝いをしました。前日に4人で大小100個のブーケとコンポジション（アレンジメント）を制作。おしゃれで知られるマレの住人たちが次々に寄ってくれ、完売。帰りに友人から「お礼に」とスズランのブーケをもらいました。帰宅途中、カリグラフィーを習っている店の前を通ったので先生にも幸せをおすそわけ。たった数本のスズランでしたが、とても喜んでもらえ、お花の力を再認識したのでした。

　大切な人にたとえ1本でもスズランを渡し、会えない人にはスズランの画像とメッセージを送って気持ちを伝えたいと思います。世界中に幸福のスズランの鐘の音が鳴り響くことを願って。

普段は日本人対象のレッスンをしているので
フランス人の反応がダイレクトに伝わる対面販売はドキドキ。
ほぼ隣接の公園で休憩していた、お祭り気分の1日。

「それ、私が作りました。さすがお目が高い」と
心の中でツッコミながら、にっこり「メルシー！マダム」

清楚な森のスズランを使ったコンポジション・スペシャル（器を装飾したアレンジメント）。器に白い羽根をテープで巻きつけ、リボンでカバー。ブーケはスズランを引き立てるように白×グリーンで。

【使用花材】 スズラン、ビバーナム、グラミネ

Mai

Pivoine

ピヴォワンヌ

5 月　シャクヤク

5月が旬のシャクヤクは、母の日の主役の花

　パリで花仕事をして20年来、シャクヤクに囲まれる5月を送っています。日本で母の日といえばカーネーションですが、フランスではお悔やみに使われることが多いので、旬の花シャクヤクが母の日の主役。母の日の朝は、焼きたてのバゲットを手にしたパパと子どもたちがママンに渡すブーケを買いにやってきます。フローリストにとってヴァレンタインデーと並ぶ、あるいはそれ以上の大事な日です。

　シャクヤクを買うとき、気をつけたいのが「固い蕾を選ばない」こと。つい、長持ちしそう、と手に取りがちですが、あまりに小さく締まったものは、咲かずに枯れてしまうことが多いのです。花がなかなか開かないときは、べとべとした蜜をそっと拭き取る、蕾を軽く揉んだり花びらをめくったりして開きやすくする、茎を斜めにカットし、たくさんの水につけ、温かい場所に置くなどの方法があります。

　フランスでは、誕生日や結婚記念日、またはディナーに招かれたときなど「贈ったときにもっとも美しい状態の花」を使うことが多いので、シャクヤクも開きかけから満開のものを選んでブーケに束ねます。木琴のバチみたいな蕾ばかりでは、華やかさを演出し、喜びや感動までプレゼントすることが難しいのです。

　「立てばシャクヤク」と美人の形容に使われる通り、赤ちゃんの頬を思わせる蕾から徐々にほころんでいくところ、いかにも「咲き誇る」という言葉がふさわしい満開時、さらには潔く花びらを散らす姿にも風情があるシャクヤク。いったい何十枚あるのでしょう。テーブルにこぼれた、ひんやりとかぐわしい花びらを集めてガラスの器に盛り、また別の美しさをひととき堪能します。

花の仕事をしているとブーケを贈ることはあっても、もらう機会は意外と少なく、
だからこそ花をプレゼントされると、とても心に残ります。大好きなフラワーショ
ップのブーケならなおのこと。

【使用花材】 シャクヤク、ビバーナム、コデマリ、グラミネ

シャクヤクを30本使った大きなブーケ。丸い形のシャクヤクは面になりがちなので、枝を大胆に使って動きを出します。できるだけ花を上に向けて束ねるのがコツ。

【使用花材】 シャクヤク、ブルーベリー、フランボワジエ（キイチゴ）

「ローズバッド」のディスプレイ。
左上はキャロットシード。

あえて不規則に配置することで見る角度によって表情の違いが愉しめる「どこから見ても美しいブーケ」。右側から見るとコチョウランが主役で別のブーケのよう。

【使用花材】シャクヤク、コチョウラン、ジャスミン、フランボワジエ

まるでオブジェのようなコンポジション・スペシャル。「どうなっているの?」と
必ず話題に。器をカバーした葉ものをブーケにも使い、一体感を出すのがポイント。
【使用花材】シャクヤク、ローズ・ド・ジャルダン、スモークツリー、ミズキ

Juin

Rose de jardin

ローズ・ド・ジャルダン

6月　庭バラ

世界中でもっとも愛され、たった1本で愛を告白できる花

　フランスの5月中旬から6月は、まぶしい青空と木々の緑をバックにバラが咲き乱れる、それは美しい季節。ベストシーズンといわれるのも納得です。

　パリ市内でバラが美しいスポットはいくつかありますが、おすすめは12区にあるヴィアデュック・デザール。バスティーユのオペラ座裏から続く約1.2kmの遊歩道で、高架から街並を眺めることができます。もうひとつは5区にある植物園併設のバラ園。コンパクトながらバラエティに富み、時間がない人も堪能できる穴場です。

　パリ周辺のバラ園で有名なのが、16区、ブーローニュの森にあるバガテル庭園と南郊外のライ・レ・ローズ。どちらも有料ですが、アーチやトンネルの仕立てが豪華で見応え充分です。まるでおとぎ話の中に入り込んでしまったような、非日常感を味わえます。

　パリから北へ100kmほど足を延ばすと「フランスの最も美しい村」のひとつに認定されているジェルブロワがあります。歩いて回れる小さな村は、木組みの家やパステルカラーの壁によく手入れされたバラが咲き、どこをどう撮っても絵になる場所。

　ジェルブロワほどでなくとも郊外に行くと一軒家が並び、どの庭にも必ずといっていいほどバラが植えられています。色、形、咲き方もさまざまで甲乙つけがたく、レンガや石造りの洋館によく映えます。

　パリのフローリストに「人気の花は？」と聞いたら「やっぱりバラが圧倒的だね」と即答でした。世界中でもっとも愛され、たった1本で愛を告白できる花。まさに「花の中の花」といえます。麗しい香りは幸福感を与え、癒し効果抜群。美肌効果もあるそうです。

郊外に行くと、どの家の庭にも必ずバラが植えられています。
「もしも私が家を建てたなら、どんな外壁にして
何色のバラにしよう？」と妄想が止まらなくなってしまう。
普段は15分で行ける道のりも、うっとりしたり、
写真を撮ったり、倍以上の時間が必要なバラの季節です。

実家の庭には3本、バラが植えられていて
ピンクは私、黄色は妹、白は弟のバラでした。
今の私があるのは、花好きだった亡き父の影響です。

小学校からの帰り道、フェンスから飛び出した緋色（ひいろ）のバラを
毎日1輪摘んでは香りを吸い込み、花びらを1枚ずつはがしては
ビロードのような手触りを愉しんでいました。
大らかだった昭和の田舎、初夏の思い出が
バラの季節のパリで懐かしくよみがえります。

見事なバラのアーチの下には、ランチやおしゃべりをする人たちも。石造りの都会、パリには随所に"緑の休憩所"が設けられています。

花市場の生産者コーナーがもっとも華やぐ季節。
かぐわしいバラを入手しようと、多くのフローリ
ストが生産者アレックスのスタンドに直行します。

バラの流れを生かすため、通常のレッスンで作る丸いブーケではなく、横長のブーケを束ねてみました。
【使用花材】 ローズ・ド・ジャルダン3種、コチョウラン、ビバーナム

一枝に「バラの一生」がつまったローズ・ド・ジャルダン

　バラは花市場で通年入手できますが、フランス人がローズ・ド・ジャルダンと呼ぶ庭バラは、6月前後と初秋にしか手にすることができません。旬を大切にするパリのフローリストたちが、仕入れに行って真っ先に向かうのはバラ生産者のスタンドです。規格品のバラとは異なり、1本ずつ形が違う長い枝バラ、数えきれない花びらを擁するキャラメルアンティーク、立派な花を支えきれずしなっているイヴ・ピアジェ、丈が20cmしかないピエール・ド・ロンサール。日本では商品にならない形状のバラも堂々と並び、香りと魅力を放っています。

　よって6月のレッスンはバラが主役。まるで庭から切ってきたようなローズ・ド・ジャルダンは、1本に蕾、開きかけ、満開、花びらが散ってしまった姿を同時に見ることができます。すっかり蕊だけになってしまったものもあえて使い、「バラの一生」を表現。大きさも長さも一様にそろった温室育ちのバラではできない、詩情に満ちた世界が広がります。ローズ・ド・ジャルダンは個性が強いので、シャクヤクのような丸い主役級の花と混ぜないで、ごくシンプルに。組み合わせるなら葉ものに近いビバーナム、縦長に花をつけるサマースイートピー、実もののような副素材を選んでいます。

　ローズ・ド・ジャルダンを家で飾るときは、無理に形を作ろうとせず、自然の流れを生かすとよさが引き立ちます。奔放に伸びる枝は一輪挿しやボトルに入れると絵画のよう。葉が込みいっているときは、間引くとラインが引き立ちます。うつむいている花は棚の上に置いて下から眺めたり、思い切り短くカットしてグラスの縁に乗せたりしても。香りがよいものはバスルーム、ベッドサイドで愉しんでいます。

庭から切ってきたような枝バラを、一方に
流れるように器に「投げ入れ」。花器から
抜いて結束すると、そのままブーケに。
【使用花材】ローズ・ド・ジャルダン、
シモツケ

キューブ型の器をピラミッド状に積み上げ、バラを飾ります。長い枝は流れを生か
して。リボンが花留めになり、思い通りの位置に挿すことができます。

【使用花材】ローズ・ド・ジャルダン2種

Juillet

/

Pois de senteur

ポワ・ド・ソントゥー

7月　スイートピー

クルクルとした蔓がパリのフローリストに好まれる

　フランス人が待ちに待ったヴァカンスの季節。パリから郊外に出ると鮮やかな濃いピンクに目を奪われます。土手に咲くポワ・ド・ソントゥー・ソヴァージュ（野生のスイートピー）の花色です。日本では「春の花」というイメージですが、フランスでは夏の花。公園に咲くのもこの時期。日本に比べるとずいぶん丈が短いですが、ランジス花市場にも今が盛りと並びます。

　スイートピーはバリエーション豊富な色と香りが魅力的。シャンペトル（野山の風情）を好むフローリストたちは、とりわけクルクルとした蔓の造形に惹かれます。ブーケ・ド・マリエ（花嫁のブーケ）のレッスンをしたときは、主役のバラを引き立てるために、スイートピーの花をすべて取り除き、あえて蕾と曲線の美しい蔓だけを使ったほど。暑い季節の白とグリーンが目に爽やかでした。夏の陽射しに映えるスイートピーのフューシャピンクには、彩度の高いオレンジが似合います。この華やかな色合わせはデザイナーのクリスチャン・ラクロワやイヴ・サンローランが好んで使ったことでも知られています。

　枯れてしまった花びらを取り除くと、小さなエンドウ豆が顔を出します。この豆を強調したブーケやコンポジションを作ることも。スイートピーは、蔓、花、豆（実）、色、香り、といくつも愉しめる優等生です。

　このよさを再認識したのは、日本でスイートピーを栽培する友人夫妻のおかげ。数年前、彼らの依頼でパリ近郊に畑を借りたのですが、タイミングが合わずフランスでの生産計画はいったん白紙に。いつかパリでも畑で花摘み会ができたら愉しいだろうと夢想しています。

「白×グリーン」のブーケ・ド・マリエに合わない色のスイートピーの花は取り除き、
魅力的な造形の蔓と蕾のみを生かしました。花材を下向きに使う大胆なデザイン。
【使用花材】 スイートピー、ローズ・ド・ジャルダン、サンザシ

ローズ・ド・ジャルダンも使っているものの、完全に主役の座を奪っているスイートピー。「フューシャ×オレンジ」の色合わせが華やかなシャンペトルブーケです。

【使用花材】スイートピー、ローズ・ド・ジャルダン、ブラックベリー、シモツケ

Juillet

/

Feuillages

7月　フォイヤージュ（葉もの）

「葉もの・枝もの・実もの」は名脇役

　パリスタイルのブーケに「必須の花材」があります。それはフォイヤージュと呼ばれる葉もの。花の色を引き立て、花同士が重ならないようクッションになり、ボリュームを出してくれる名脇役。ナチュラルなスタイルを提案するフローリストたちは脇役というより、むしろグリーンだけのブーケを好んで作ることも。夏は暑さに強く、頼りになる存在で、目にも爽やかです。

　葉ものも含め、切り花は毎日水を替え、茎と花器を流水で洗ってぬめりを取ると、腐敗の原因であるバクテリアの繁殖を抑えられ、長持ちします。その際、切り口を斜めにカットし直すと花材が水を吸いやすくなり、より長く保つことができます。

　夏の間、黄色くなったグロゼイユ（フサスグリ）の葉をこまめに取り除いて毎日水を替えていたら、緑色の実がルビーのように真っ赤に色づき、1か月以上も生活に彩りを与えてくれました。少々面倒に思えますが、実際やってみると自分自身も驚くほどリフレッシュ。丁寧な暮らしをしているような気持ちになり、心に余裕が生まれます。

　ランジス花市場には葉と枝ものを専門に扱うフォイヤジストのコーナーがあります。透明感があり、先端が繊細なフランボワジエ（キイチゴ）の葉が登場すると、値段が高くても飛びついてしまいます。7月は真っ赤な実、フランボワーズつきのフランボワジエも入荷。ローズ・ド・ジャルダンと合わせたら、間違いのない可愛らしさです。

　ほかにもスモークツリー、ドウダンツツジ、赤い実のビバーナムコンパクタなど、枝ものも夏のおすすめ花材。単独で飾ってもきれいで、インテリアにも映えます。

花市場にあるフォイヤジストのスタンドは、花同様、葉ものや実ものも季節とともに移り変わっていきます。
夏はミュールと呼ばれるブラックベリー、フランボワジエ、グロゼイユなどベリーが豊富。

バラが傷んだタイミング
でブーケを解体。元気な
グロゼイユの茎を洗い、
切り戻して大きめのピッ
チャーへ。

ミントと雑草を摘んで、
ヨーグルトの空き瓶に。
小さな草花があちこちに
あると暮らしに潤いが生
まれます。

季節限定、赤く色づいた
フランボワーズを使った
ブーケ・ド・マリエ。黒
いカラーの上に配置する
と可愛さが引き立ちます。

Août

/

Cosmos

8月　コスモス

組み合わせによって表情を変える花

　日本では「秋桜」という名の通り「秋の花」のイメージがあるコスモス。一方、フランスでは7月から花市場に登場します。公園の花壇にも夏の陽射しを受け、たくましく咲く姿が見られます。とはいえ、最高気温42度を記録した日は、レッスン作品撮影のため花を抱えて外に出たものの、一瞬でコスモスがしおれそうになりました。

　フランスは夏休み中、地方の農場を改装した会場で結婚式を行うことがあります。ゲストルームつきなので夜通し踊ったり、翌日も芝生の庭でサッカーに興じたり、と連日お祭りのよう。ある結婚式の花装飾のため、ブルゴーニュに行ったときのことです。新郎が手配したはずの花器が半分しか届いていないことが判明。会場に緊張と衝撃が走りました。「手元にある花器できれいにできるから大丈夫！」と笑顔で力強く繰り返す私たちに、涙する新郎の母。本来はキャンドル用の器に、白い可憐なコスモスのブーケを飾り、何事もなかったように美しい会場ができ上がりました。ハプニングだらけの現場でフランス人と働き、身につけたのが出たとこ勝負の強さです。

　さて、どんな花を飾るときにも共通する「ネトワイエ」。フランス語でいらない葉やトゲなどを取り除く下処理のことをいいます。基本的に花器の中に入る部分の葉はすべて取り除き、すっきりと茎だけを水に入れること。コスモスは細かい葉がたくさんあるので、下部だけでなく、花に近い上部の葉も間引くと、そよそよと揺れる風情が増します。猫じゃらしのような雑草と一輪挿しに入れると涼やかで粋な感じに。アプリコットカラーやフューシャピンクのバラと組み合わせると華やかに。主役にも脇役にもなれる花です。

「ローズバッド」オーナーフローリスト、ヴァンソン・レサールのレッスンブーケ。スプレー咲きと香り高いイヴ・ピアジェ、2種のローズ・ド・ジャルダンをコスモスと一緒に。

【使用花材】コスモス、ローズ・ド・ジャルダン2種、フランボワジエ

新学期が始まる9月はイベントも多く、パリの街が華やぎます。そんな空気を表すようなコンポジション。大地から生え上るよう、花材を垂直に挿すのがポイント。

【使用花材】コスモス、ダリア、フランボワジエ、リジマキア

アジサイのような大きな花には、コスモスのしなやかな曲線を合わせて動きを出すのがコツ。蕾が踊るシャンペトルブーケ。「ボルドー×フューシャ」の色合わせで華やかに。

【使用花材】 コスモス、アジサイ、ダリア、フランボワジエ

「白×グリーン」は永遠の定番。野原で草花を摘みながら束ねたようなナチュラルなブーケ。シンプルな組み合わせでも、高低差で陰影が生まれ、魅力的なブーケに。

【使用花材】 コスモス、キャロットフラワー、ユーカリ

蕾やほっそりした花を高く、大きく開いた花を低く使うと安定感が出ます。コスモ
スの美しい曲線を生かして、風に吹かれているように見えたら大成功。

【使用花材】コスモス、ローズ・ド・ジャルダン、アジサイ、フランボワジエ、カシス

意外と個性が強く、ほかの色を寄せつけない白いコスモスには紫かボルドーの花を。
しなやかな花を束ねるときは、なるべく花の向きをブーケの中心に向けるよう心がけて。

【使用花材】コスモス、アジサイ、アワ、カシス

Août
/
Orchidée
オーキデ

8月　ラン

夏休みのパリのホテルを彩る花装飾

　「フランス人はヴァカンスのために働く」といわれるほど、彼らにとって夏休みは1年のハイライトといえる大切なイベントです。フラワーショップも軒並み休業。早いところは7月から2か月間閉めたままという店もあります。定期装花先のレストランやブティックが夏季休業に入り、常連客も海や山へ出かけてしまい、店を開けていても花を買いに来る人がいません。またキーパー（冷蔵庫）がない店が多く、花の管理が大変。花市場もほとんどのスタンドが閉まっているので、仕入れが困難です。それならばと潔く店を閉め、人生をとことん愉しむフランス人に脱帽です。

　私はレッスンのほかに、パリのフラワーショップを訪ねる「ヴィジット」を開催していますが、夏はどこも閉まっているので、ホテルの花装飾見学ツアーに切り替えます。どのホテルも、暑さに強く、見た目が豪華なランばかり。切り花のように手入れがいらないので、提携フローリストが休暇を取りやすい面もあります。私が拠点にしている「ローズバッド」も、ホテルに週1回生花を届ける代わりに、ランを使った寄せ植えアレンジを納品して、1か月しっかり休みを取ります。

　ランは高価ですが、2週間以上飾れ、コストパフォーマンスがよい花材。1輪でも存在感と高級感があるため、ホテル・リッツで館内装飾をしていたときは常備していました。「夏は花が持たない」という場合、ランが心強い味方になります。日本では「開店祝いのイメージ」と敬遠する人も多いですが、斑入りのように変わった種類もあり、エアープランツや多肉植物と組み合わせるとスタイリッシュ。逆にグラミネと呼ぶ素朴な雑草と飾ってもおもしろい効果が出ます。

左は「ローズバッド」が夏季休業中、定期装花先に納めたパフィオペディラムとアジアンタムの寄せ植え。右は「ラリック」の展示会に制作したアレンジ。

「ローズバッド」のウィンドウを飾る斑入りのコチョウラン。夏の陽射しが降り注ぐ場所でも、東南アジア原産のランなら大丈夫。

フォーシーズンズホテル・ジョルジュサンク・パリは豪華な花装飾で知られています。夏は根つきのラン、ヴァンダを吊るすデコレーションが定番。

Septembre

Graminées

9月　グラミネ（穂）と森の草花

雑草は美しいものという「美意識」

　フランスは花と雑草の区別がゆるやか。日本だったら「雑草？」と驚かれそうなグラミネ（穂）が、花と同じ美しいものとして公園に植えられています。花市場にも野や山で採取されたものが立派な「商品」として並んでいます。国際的なインテリア見本市の会場には、ヤマゴボウやグラミネ１種を投げ入れたブースが多く見られました。「花飾り＝豪華な花々」というわけではないのです。

　花仲間の結婚式で、会場装花を担当したときのことです。ドレスの色はアンティークレースを思わせるエクリュ（生成り）。すぐに教会の高い天井に映えるパンパスグラスと、秋の光を受けて渋く輝くクレマチスシードが目に浮かびました。しかし花市場に下見に行ったとき、まったく入荷がなかったのです。そこで知人が管理に携わる森に行き、フローリストの友人と採取させてもらいました。

　２基の大型コンポジションは、そのまま会場に運べるよう広場に停めたトラックの荷台で制作。まずプラスチック桶を森で採ったヘデラベリーでカバー。その中に吸水性スポンジを仕込み、パンパスグラス、クレマチスシードを挿し、花市場で調達したダリア、キャロットソバージュ（ノラニンジン）を加えました。仕上げも教会前のベンチ、つまり公道で行うというフランス的ゆるさ。伸び伸びした森の草たちが教会に差し込む光を浴び、優しい空気に包まれた式になりました。

　もともとたくましい雑草は、うっかり水替えを怠っても長持ち。穂や実はそのままドライになります。オーガニックなライフスタイルの影響か、パリのカフェでもグラミネなど雑草系のドライフラワーをテーブルに飾っているところが多くなっています。

キャロットシード、ローズヒップ、紅葉したツタ、ブラックベリー……。シャンペトルを愛する人にとって、森は宝の山。パリからわずか15kmとは思えない風景です。

森を散歩中に惹かれたクレマチスシード。
夕陽を浴びて鈍く輝いていました。雑草
といわれるものの中にも美を見いだす感
性は、フランスで学んだことのひとつ。

森で採取した草花で束ねた「本物のシャンペトルブーケ」を集めて馬車に。個々の
ブーケは違っても、同じ場所に生える植物で作ると統一感が生まれます。

【使用花材】 ツタ、コケボク、グラミネ、クレマチスシード、シンフォリカルポス、アマランサス

香りのよいバラ、タンゴと実のブーケ。それぞれの魅力を引き立たせるため、これ
以上ないほどシンプルな組み合わせに。たった3種類で複雑な表情が生まれました。

【使用花材】ローズ・ド・ジャルダン、ヤマゴボウ、フランボワジエ

野原に咲く草花を使う際は、徹底したネトワイエが必要。ナチュラルで洗練された
ブーケを作る秘訣です。キャロットシードの細かい葉は全て取り除いて。

【使用花材】 シュウメイギク、キャロットシード、ユーカリ、グラミネ

Octobre

Dahlia

10月　ダリア

艶やかな花姿は圧倒的な存在感

　日本ではほぼ通年入手できるダリア。フランスでは夏から秋にしか出回らない花です。もともとは、夏休みに訪れる田舎の家の庭に咲く花、といった素朴な印象だったダリア。ところが、大人の顔ほど大きく、花びらがうねった品種が登場すると、パリのフローリストが競って仕入れるようになりました。特にベージュ色のカフェオレというダリアは大人気です。

　パリコレ時にジバンシィから「フラワーバー」の依頼がありました。上顧客やインフルエンサーを本店に招いて行う新作発表会に、店内ディスプレイした花でブーケを作り、ゲストにプレゼントする趣向。このときに主役だったのがダリアのカフェオレです。私たちフローリストは全員、黒い服で来るよう指示され、貸し出されたおそろいの黒いブラウスとタブリエ（腰エプロン）を着け、メイク係に真っ赤な口紅を塗ってもらい、イベントの間、ダリアのブーケを束ね続けました。

　パリに花留学にやって来た2000年、奇跡的な出会いのおかげで、私が半年間通い続けた憧れのフラワーショップでの研修が叶いました。忘れもしない初仕事は、花市場から届いたダリアを地下のアトリエに運び込むこと。水の入った重い桶を持って階段を何往復もするのは大変だったはずですが、うれしくてたまりませんでした。家族と離れ、ツテもなくひとりでパリに来て、焦りや不安と闘いながら、たくさんの方々に助けてもらい、やっと夢が叶った10月。葉を取り除くときに漂う独特の青い香り、空洞の茎をシュパッと切りそろえる感触。今でもあの感激がよみがえってきます。私にとってダリアは特別な思い出の花なのです。

可愛らしい印象のポンポンダリアをコチニュスの銅葉で引き締め、大人っぽい雰囲気に。クロホオズキの大きな葉は取り除き、うねりを生かして大胆に束ねました。

【使用花材】 ダリア2種、コチニュス、クロホオズキ

ジバンシィ本店で行われたフラワーバー。ダリア、コスモス、ヤマゴボウ、ミントから各自、自由に取って
ブーケを束ねます。テイストが同じであれば均一なブーケにする必要がないところがフランスらしい。

濃い色の中にダリアの蕾が効いています。使用花材が2種類とは思えないドラマティックなブーケに。ローズヒップを添えて。

【使用花材】 ダリア、コチニュス

人気のダリア、カフェオレのブーケ・ド・
マリエ。鉢植えのパフィオペディラムを
使い、根を見せるデザインにしました。

【使用花材】ダリア、パフィオペディラム、
コチニュス、クレマチスシード

Octobre

/

Rose tardive

ローズ　ターディヴ

10月　秋バラ

哀愁漂う秋のバラに親近感を覚える

　夏の間、ひっそり休んでいたバラが、秋を迎えると2度目の花をつけだします。強烈な陽射しに耐えた後、ちょっとくたびれたように咲く秋バラ。勢いに満ちた初夏のバラに対し、秋バラは同じ枝でも花の数、花びらの数ともずっと少なく控えめです。以前は気に留めなかった秋バラに親しみを感じるのは、自身が年齢を重ねたからという理由もありますが、フランスで学んだことも大きく関わっています。

　パリに花の勉強に来て、もっとも変わった点は「きれいに咲きそろった花を使って幾何学体を作る」ことから「自然の風景を再現し、室内に取り込む」ようになったこと。花市場でも温室で育てたまっすぐのバラより、生産者のスタンドに並ぶ個性派が気になります。私がレッスンで伝えたいのは、テクニックももちろんですが、「こんな美しさもあるんだ」という気づき。また「何を美しいと思うのか」というパリで身につけた感覚です。

　フランスはワインとフロマージュ（チーズ）を愛する国だからか、何でも若ければいいというものではなく、「熟成」に敬意を払い、人においても年を重ねたからこそ得られる魅力に敏感です。ここでは年配の女性を「おばさん」と一言でくくってしまう感覚はなく、女性も「もう年だから」とあきらめたりしません。もちろん全員ではありませんが、いつまでも美しくいようと努力し、男性も同様に年を取っても異性を惹きつけようとする意気込みが感じられます。

　若さみなぎる姿だけをよしとせず、花びらに翳（かげ）りが訪れる瞬間に気づく。勢いを失い、しおれゆく姿に美しさを見いだす。寂寥（せきりょう）とした趣に目を向けたい秋バラの季節です。

ローズ・ド・ジャルダンではなく、標準的なバラを使う場合は、枯れていく野原の
風景を加えるため、あえてカサカサし始めたフランボワジエの葉を合わせます。

【使用花材】 バラ、ユーカリ、フランボワジエ（紅葉）、ローズヒップ

Novembre

/

Hortensia

オルトンシア

11月　アジサイ

多彩な色とボリュームが頼もしい花

　フランスは11月の始めに Toussaint（トゥーサン）という祝日があり、小菊の鉢植えを持ってお墓参りに行くのが習わし。フラワーショップの店頭に紫や黄色の菊が並ぶと、秋が終わりを告げます。

　この時期、店内に多く見られるのは、大人の顔ほどもある立派なアジサイ。日本では梅雨どきの花というイメージが強いので、秋のレッスンに使うと驚かれますが、冷たい雨が降り続く11月を、私は「フランスの梅雨」と呼んでいます。やはりアジサイと雨は切っても切れない関係のようです。

　とはいえ、花市場ではオランダ産のアジサイが一年中、手に入ります。ダリアが終わり、アネモネやラナンキュラスが出回る前の端境期に大活躍。日本でアンティークアジサイと呼ばれる、花びらが肉厚のアジサイは長持ちするうえ、存在感があり、色が豊富なので、レストランやブティックへの定期装花に最適。緑、ピンク、青紫、白、赤、と色を変えれば、毎週同じ花でも違う雰囲気にできるからです。ローズヒップ、ビバーナムコンパクタなど実つきの枝ものを合わせると、動きが出てスケールの大きいブーケや投げ入れができます。

　世界一の花卉生産国、オランダが近いこともあって、日本より花の価格が安いフランスですが、アジサイは1本2000〜3000円相当の「高嶺」ならぬ「高値」の花。2週間以上持つことと、そのままドライフラワーにもなるので、結局はコストパフォーマンスのいい花です。ナチュラルカラーのリボンやラフィアで結束し、逆さに吊るすとスワッグ（壁飾り）のでき上がり。丸めた蔓に、小房に分けた花をボンドで接着、リースにすると季節を問わない花飾りになります。

自然が創り出す色にはかなわない。
これ以上、どうすれば……
ただでさえ美しい花を、より輝かすことができなければ
ほかの花と束ねる意味がない、と自分に言い聞かせ
花と向き合う日々です。

「ローズバッド」のディスプレイ。シンプルな組み合わせながら、大胆な枝使いで
ハイセンスな6区の住民を惹きつけています。ギャラリーに間違えられることも。
【使用花材】アジサイ、ローズヒップ

Novembre

/

Renoncule

ホノンキュル

11月　ラナンキュラス

マカロンみたいなコロンとした愛らしい花

　シルクのようになめらかな花びらが無数に重なり、マカロンのようにコロンと丸いラナンキュラス。パリでもバラに次いで人気の高い花です。白、黄、オレンジ、ピンク、赤、紫、黒に近いボルドーなど、豊富なカラーバリエーションが魅力的。豊富なのは色だけではありません。直径が1cmほどの「マイクロ咲き」から、開くと10cmにもなる「ローヌ咲き」まで、花の大きさもいろいろ。斑入りのモロッコシリーズ、花の中心が緑で突出する変わった種類もあります。さらに2週間近く愉しめる「持ちのよさ」も好まれる理由です。

　日本に住む娘が結婚したとき、新婚旅行はパリに来てもらいました。ブーケ・ド・マリエを束ねるため、一緒に花市場へ。娘が選んだのは白いラナンキュラス。温度の低い色味が希望とのことで、シルバーリーフとコケボクを合わせることに。でき上がったブーケを持って、ヴェルサイユ宮殿にオープンしたアラン・デュカスのレストランへ向かいました。ゆっくりと食事を愉しんだ後は、ブーケを持ったまま宮殿へ。大きな「手荷物」を咎められるかと思いきや、そのままスルー。パリは花を持った人には優しい。改めてそれを実感した瞬間でした。宮殿から出ると、空には二重の虹が。まるで私たちを祝福しているかのようでした。

　ラナンキュラスを家で飾る際は、茎が腐りやすいので花器の水は少なめに。私は傷んでしまった茎を短く切り、ブロカント（古物市）で買った薬瓶に入れて飾っています。ブーケにするときは、思い切り段差をつけた花の間に、くねくねと曲がる花材を組み合わせると、立体的で生き生きとした表情になります。

「温度の低い色味のブーケ」を望む花嫁のため、純白のラナンキュラスにグレイッシュな副素材を集めたブーケ・ド・マリエ。黄味がかった葉ものとは異なる表情に。

【使用花材】 ラナンキュラス、コケボク、ダスティミラー、ユーチャリス

自宅の花飾り。高低差をつけたラナンキュラスの間から、珍しい極細のユーカリが
踊るように。ミルキーな色と質感にユーカリのアンティークカラーが似合います。
【使用花材】 ラナンキュラス、ユーカリ

ブーケの茎部分を花や葉でカバーするデ
ザイン性の高いブーケ・ド・マリエ。優
しいパステルトーンにグロリオサを効か
せ、意外性を出しました。

【使用花材】ラナンキュラス、サクラ、
グロリオサ、スイセン、ユーカリ

丈が長く茎もしっかり、花が大きく開くラナンキュラスのハノイは人気品種。ニュアンスカラーのユーカリと合わせるのが定番。

【使用花材】 ラナンキュラス、フウセントウワタ、ユーカリ、クリプトメリア、ボケ

Décembre

Anémone
アネモン

12月　アネモネ

華やかな冬の花にユニークな枝ものを添える

　パリのフローリストにとって冬の主役といえば、アネモネとラナンキュラスが双璧といえます。秋の途中で突如、花市場に登場するアネモネを見ると「ああ、またあの寒くて暗い冬がやってくる」と一瞬目をつむりたくなりますが、鮮やかなフューシャピンクや紫色の「花びら」には心が躍ります。じつは「花びら」に見えるのは「萼片」。花全体が産毛に包まれ、葉脈がきれいなのはそのせいです。

　ビロードのようにしっとりした光沢の花芯も特徴的。蕊がひらひらすることから「風」を意味するギリシャ語が名前になっています。

　レッスンではアネモネと、オレンジやボルドー色のラナンキュラスを合わせ、パリらしい華やかな組み合わせを提案していますが、家に飾るときはシンプルに枝ものと組み合わせるのが好きです。特にパリに来てから知ったコケボクは私にとって冬の最強花材。アネモネを多色使いしても、渋いグレーのコケがついた枝と束ねればスタイリッシュにまとまります。ノエルが近くなったらモミの木と。年末は「幸せを運ぶ」といわれるヤドリギと。新年は松と合わせると清々しい気分で1年を始められます。

　アネモネは寒いところに置くと閉じ、温かい場所だと開きます。まるで呼吸しているかのよう。そして切り花になってからも葉から萼片までの部分が伸びていきます。新鮮なアネモネを手にするには、葉と萼片の間が狭いものを選ぶこと。1週間以上経って水分が抜けた萼片の質感にも興味を惹かれます。

　アネモネをはじめ、ラナンキュラス、クリスマスローズ、オキナグサ。キンポウゲ科の花はグレーの空気に包まれる冬の間の癒しです。

グラデーションがすばらしいアネモネと、主役を奪う
ほど存在感のあるコケボクのシャンペトルブーケ。ア
ネモネの茎が折れないようヘデラベリーを添えて。
【使用花材】アネモネ、コケボク、ヘデラベリー

不思議な曲線に目を奪われるノワゼティエ。アネモネに匹敵する存在感です。冬か
ら春にかけ、茎の柔らかい花と枝ものを使うのがシャンペトルスタイルの特徴。

【使用花材】アネモネ、ノワゼティエ（ハシバミの枝）、ヘデラベリー

真冬でも青々としている
ことから神聖なものとさ
れ、年末年始に飾られる
ヤドリギ。壁に掛け、1
年の感謝と翌年への幸運
を祈ります。

12月は誕生月なので、
アネモネのブーケをプレ
ゼントしてもらう機会が
多くなります。大好きな
ボルドー色にジャスミン
と松が効いたブーケ。

ノエルのホームパーティ
ーには、アネモネ、年越
しの縁起もののヤドリギ、
ヘデラベリーのプチブー
ケをテーブルに飾って。

Petit atelier № 1

シャンペトルブーケ

平面的で規則正しく花を配置するクラシカルなブーケに対し、
大胆に高低差をつけ、野山で草花を摘んで束ねたようなラフなブーケです。
花を選ぶときは形がそろった花だけでなく
草や枝を組み合わせると自然な感じが表現できます。
花の間を風が通り抜けるように、ふんわり束ねるのがポイントです。

透け感を出すため、ビバーナムの葉はほとんど
取り除いておく。

使用花材と用意するもの

花材は左から
ポピー 10本
ビバーナム5本
コデマリ10本
ラフィア1本

作り方

1

できるだけ長く四方に枝分かれしてい
るコデマリを軸にして、枝と枝の間に
花を置いていく。すべての花材は左上
から右下に、体の正面で束ねていく。

2

ポピーの蕾を高めに、少し開いている
ポピーを花ひとつ分低くして束ねる。
ブーケに立体感を出すのと、ポピーを
強調するため2本1組で使う。ポピー
の上にふんわりとビバーナムを重ねる。

3

コデマリを高い位置に入れ、**2**で入れ
た花を押さえる。**2**と同様の方法でポ
ピー2本を入れ、ビバーナム、コデマ
リを加えていく。花はすべて異なる高
さにするとよい。

芽吹きが美しい繊細なコデマリを
伸び伸びと高く、開いたポピーは
ぐっと低く束ねてメリハリを。

4

ブーケを上から見て、花が足りない部
分を体の正面まで回す。左手を少しゆ
るめ、右手を添えて反時計回りにする
のがコツ。残っている花で全体のバラ
ンスを整える。

5

根元をラフィアでしばる。固結びにし
て、結び目から約1cmのところでラ
フィアを切る。ブーケの茎を花器に合
わせた長さに切りそろえる。

Petit atelier N° 2

シャクヤクのブーケ

立体感があり、上・横・下、どこから見ても美しいデザインが特徴のブーケです。
基本的に花材は2本1組にし、高低差をつけて組むのがポイント。
主役の花、動きのある副素材、花の間を埋めて支える葉ものの3種を選ぶと束ねやすくなります。

⬭ 使用花材と用意するもの ⬭

花材は左から
グラミネ 10本
シャクヤク6本
フランボワジエ5本
サマースイートピー5本
ラフィア1本

サマースイートピーは長さ30cmを目
安に。枝分かれしているサマースイート
ピーや、30cm以上の長いフランボワジ
エは切り分ける。美しいブーケを束ねる
にはネトワイエが必須。茎の下半分にあ
る花や葉は取り除いておくこと。

1

小さめのシャクヤク、その花ひとつ分下に大きめのシャクヤクを配置。2本1組にするとき、ボリュームが大きい花を低く使うとバランスがよくなる。2本のシャクヤクの間にサマースイートピーを加え、フランボワジエで押さえると安定する。

2

花の横ではなく、花の上に葉を重ねる変わった手法。こうするとブーケに立体感を出せる。花がつぶれないよう、高低差をはっきりつけること。サマースイートピーは、外側に倒れないよう、ブーケの中心か横向きに入れる。

3

ブーケを反時計回りに回しながら、グラミネおよび残りの花材をバランスよく加えていく。花は常に体の正面で足し、ブーケの向こう側では入れないように。茎は左上から右下に、一定方向で組む。

4

曲がっている花材は個性を引き出すよう大胆に、動きが出るよう束ねる。思い切った高低差により、それぞれが生き生きと見えるのがシャンペトルスタイルの醍醐味。

5

従来のブーケのように花を規則正しく配置するのではなく、花の姿を生かして伸び伸びと束ねるのがコツ。全体のバランスが取れていれば、完全な円形にこだわらなくても大丈夫。根元をラフィアでしばって、ブーケの茎を切りそろえる。

ブーケを花器に活けるときは、器の縁に花がかかる長さにカットすると、器とブーケに一体感が出ます。茎は短くした方が花持ちはよくなります。

Petit atelier N° 3
ブーケロン

ブーケロンとはフランス語で
「丸いブーケ」のこと。
花の高さをぴったりそろえ、半球形に
まとめるのが従来のスタイルですが、
もっと自然の息吹が感じられるよう
高低差をつけました。
どの角度から見ても美しくなるように
ブーケを回しながら束ねます。
しなやかな素材を加えると動きが出て
より魅力的なブーケに。

下処理

使用花材と用意するもの

花材は左から
フリチラリア10本
ビバーナム5本
スプレーバラ5本
ユーカリ3本
ラフィア1本

ユーカリは長さ30cmを目安に枝分かれしている部分から切り分ける。それぞれ、長さの半分より下にある葉はすべて取り除いておく。写真のユーカリは長さ約70cm。

作り方

1

下処理したユーカリの中で、枝分かれした比較的まっすぐな枝を選ぶ。この後加える花はすべて左上から右下に、体の正面で束ねていく。

2

ユーカリの枝の間にスプレーバラを入れる。フリチラリアをスプレーバラにかぶせるように入れ、ビバーナムを加える。しなやかで外側に倒れやすい花材は、ブーケの中心に向かって束ねると安定する。

3

ビバーナムを押さえるように、スプレーバラを重ねる。さらにユーカリでスプレーバラを覆うようにするとブーケがまとまる。葉先を外側に広げないで、ブーケの内側に向けるのが大切なポイント。すべての花の高さが重ならないよう調整する。

4

ブーケを上から見て、花を入れたい部分を体の正面まで回す。左手を少しゆるめ、その下に右手を添え、反時計回りにスライドさせるように回すとスムーズ。高さを変えながら、スプレーバラ、フリチラリア、ビバーナム、ユーカリを加える。

5

横から見てもきれいになるよう、低い位置にも花を入れる。スプレーバラを低く入れたら、その上にフリチラリア、ユーカリをかぶせるよう高めに入れる。こうすることで絶妙な立体感が生まれる。見えない花があってもよい。奥行きが生まれる。

6

上からチェックして高さが足りないところに長い花材を加え、バランスを整える。ブーケの茎が丸見えにならないよう、低めに花を入れるとブーケと花器が一体化して美しく飾れる。根元をラフィアでしばって、ブーケの茎を切りそろえる。

お茶会のテーブルに優しい彩りを添えます。全体を丸く整えながらも、メインのスプレーバラをあえて不規則に配置してナチュラルな雰囲気に。

Petit atelier N° 4

アネモネの
コンポジション・スペシャル

モミの枝を巻きつけた器にブーケを入れる
オブジェのようなコンポジションです。
独特なデザインは話題を集め、
器つきなのでプレゼントにもおすすめ。
花、枝、リボン、器の工夫次第で千変万化。
ひと味違うノエル（クリスマス）の飾りに。

吸水性スポンジに花を挿したアレンジをフランスでは「コンポジション」「ピケ」と呼びます。器を葉などで囲み、中にブーケを入れて一体化させたものを「コンポジション・スペシャル」と名づけました。

使用花材と用意するもの

花材は下段左から
モミ（10cm）約15本
アネモネ 10本
ヤドリギ 1本
輪ゴム 1個
器（直径7.5cm、高さ9cm）1個
着色ラフィア 2本

ヤドリギは幸福を運ぶとされ、フランスの年末に欠かせない花材。
器はキャンドルの空き瓶を利用。

作り方

1

器の上部に輪ゴムをはめ、器の高さよりやや高くカットしたモミの枝を挟み、器をぐるりと1周覆う。ところどころ枝の先端を下向きにすると器をカバーしやすい。

2

器が隠れたところ。枝は長短あってよい。先端が外側に広がらないよう、内向きにするのがコツ。

3

3重にしたラフィアで器をしばり、輪ゴムの部分を隠す。ラフィアをしばる高さは、後から挿す花とのバランスがよくなるよう、器の上1/3の位置を目安に。器に水を入れる。

4

アネモネを全体が丸くなるように束ねて根元をラフィアでしばり、器の高さに合わせてカットし、器に入れる。ヤドリギをワンポイントに加える。

バラとヤマゴボウの投げ入れ

ブーケを束ねるより気軽に花を愉しめるのが投げ入れです。
少ない花材でも長さを生かして空間を演出できます。こちらは流れを生かした横長の投げ入れ。
器と花とのバランスは何度か試していくうちにつかめるので、難しく考えず、まずはトライして。

使用花材

バラ数種10本
ヤマゴボウ6本
スカビオサ6本

バラはローズ・ド・ジャルダン
（庭バラ）を使用。

下処理

ヤマゴボウの下処理をする。それぞれの姿を引き立てるために、不要な葉を取り除くことが大切。左は下処理前。右は大きな葉を取り除いたもの。すっきり洗練された姿に。

作り方

1

ブロカント（古物市）で買った脚立の上に。奥行きがない場所にも向くデザイン。

曲線がきれいな長いヤマゴボウを左右に1本ずつ広げるように入れる。器の縁にもたれかけるように。茎が底まで着かなくても大丈夫。

2

器の中心から茎が放射状に広がるように入れる。本数が増えると茎同士が押さえ合うので最初は固定できなくても気にせずに。

3

手前に、かなり短いヤマゴボウを左右1本ずつ加える。これが外枠の目安になる。

4

ほっそりした長いバラをヤマゴボウのひと回り内側に入れる。大きく開いたバラは思い切って短く切り、手前や奥に挿す。

5

スカビオサのしなやかな曲線を生かし、ヤマゴボウとバラの間をつなぐように入れる。茎をクルクル回しているとピタっと止まる場所が見つかる。前に倒れないよう、後ろ側にもヤマゴボウを入れ、前後のバランスを整える。

Petit atelier N° 6
草花の投げ入れ

花のある暮らしは、身近な草花でも叶います。
夏のヴァカンス中、
散歩しながら摘んだ花をグラスに活けました。
草花は、細長いものと丸いものを選ぶと
形がとりやすいですが、
形にとらわれず純粋に愉しんで。
生活雑器に入れた気負わない花が
心にそっと寄り添ってくれます。

使用花材と用意するもの

花材は左から
グラミネ数種 10本
ラベンダー 3本
スズメノエンドウ 4本
ゼニアオイ 2本
キャロットシード 5本
ブラックベリー 1本
スイカズラ 2本
アジサイ 1本
グラス（直径 7.5cm、高さ 8cm） 1個

1

水を入れたコップに長短のスイカズラを入れる。水の中に花や葉が入らないよう、きちんと取り除くことがポイント。

2

スイカズラに重ねるようにグラミネ、ゼニアオイ、キャロットシードを加える。細いものは長く、大きなものは短めに。花同士が重ならないよう長さと角度を調整する。

3

奥行きが出るよう、前後にスズメノエンドウ、ブラックベリー、ラベンダーを挿し、厚みをつける。

4

アジサイは思い切り短くカットし、器の左側の縁に乗せるように加え、長く伸びた右側とバランスを取る。

5

グラスに入れた小さな花は移動も簡単。朝食をとるカウンターに飾ります。朝陽を浴び、風に揺れる姿が可憐です。

アジサイが面になるので、キャロットシードやグラミネを差し込んで立体感を出す。反対側から見てもきれいになるようにチェックする。茎は水の中で左側の1点に集中するように挿していくと、形がまとまりやすく、すっきりした投げ入れになる。

Petit atelier N° 7

テーブルセンター

パリで花仕事をしていると
短時間で会場装飾をしなければならないケースや
パーティーの数時間後には花を撤去ということもよくあります。
そんなときに役立つのが置くだけのテーブルセンター。
枝ものと球根の花を使えば、しおれる心配もなく、美しく演出できます。
誕生会やホームパーティーで「準備の時間が取れない」
「大きな花器がない」という場合にも活用できます。
重ねて挿すだけ。難しいテクニックは不要です。

使用花材

左から
フリチラリア（40cm）
15本
スモモ（1m）8本

モクレンとパフィオペディラムで作ったときは、一晩おいても問題なし。チューリップ、グロリオサ、カラーなども保水なしのデコレーションに適した花材です。

作り方

1

テーブルの長さに合わせてスモモをカットする。先端が細く、流れがきれいな枝を両端に使うとよい。枝を回転させながら、立体的になる位置を見つけ、枝の上に枝を重ねていく。

2

スモモの枝を左右に向け、積み上げるように組んだところ。下の枝をつぶさないように、空間を作りながら重ねていくのがポイント。

3

フリチラリアの曲線を生かすように、たわませながら、スモモの間に挿し込む。枝の上に寝かせるほか、少し持ち上がるような角度を探す。

4

上から見たところ。フリチラリアが波打ってつながるように、柔らかいラインを意識して挿す。パーティーの場合、ゲストに参加してもらうのも愉しい演出に。

165

Avec le cube

キューブワーク

気軽に手に入るキューブを使った4つの簡単アレンジを紹介。
花のある暮らしはちょっとしたアイデアで
時間も費用もそれほどかけずに愉しめるものです。

Petit atelier N° 8

キューブのミニブーケ

少ない花材で作れる小さなブーケロンを
キューブに入れて。場所を取らないので、
キッチンの棚や洗面台などにも飾れます。
ちょっとした手みやげにしても。キューブの角に
もたれるようにブーケを入れると安定します。

使用花材と用意するもの

花材は左から

ビバーナム3本
（切り分けたもの）

スプレーバラ4本

コデマリ2本（切り分けたもの）

キューブ花器（7cm角）1個

ラフィア1本

下処理

ビバーナムは葉を取り除く。長さは15cmほどあれば充分なので、長い枝は2本に切り分ける。

作り方

1	2	3

1　スプレーバラの間を埋めるようにビバーナムを加える。枝分かれしているビバーナムは2本一緒に軽く握りこむ。

2　ブーケを反時計回りに回し、あいている部分にスプレーバラを加え、その下にビバーナムを入れる。上からチェックし、残りの花をバランスよく入れる。

3　コデマリはブーケの周りを舞うように長めに入れる。ラフィアでしばり、茎を5〜6cmに切りそろえて、キューブに入れる。

Petit atelier　N° 9

鉢植えキューブ

キューブを鉢カバーに使用。水を入れた試験管を角に挿し切り花を加えれば、手間も時間も費用もかからないオリジナルな鉢植えのでき上がり。プレゼントにも好適。花が枯れたら別の花に変えて、異なる景色を愉しめます。

使用花材と用意するもの

花材は左から

エケベリア1鉢

フリチラリア2本

キューブ花器（7cm角）1個

試験管
（高さ7cm・直径1cm）1本

Petit atelier N° 10

キューブコンポジション

キューブに吸水性スポンジを入れることで
ブーケではできない高さのあるアレンジが可能に。
持ち運びも便利。安価な器なのでそのままプレゼントでき
ホームパーティーの手みやげにしても喜ばれます。

使用花材と用意するもの

花材は左から
ユーカリ1本
（切り分けたもの）
スプレーバラ4本
フリチラリア6本
キューブ花器
（7cm角）1個
吸水性スポンジ
（7cmの立方体）1個

キューブの中にぴったり収まる大きさに吸水性スポンジをカット。
しっかり水に浸けた後、セットする。

作り方

1

先端がほっそりしたユーカリを25cmにカットし、キューブの角にしっかり挿す。挿す深さは2cmを目安に。その分の葉は取り除く。対角線の角に約20cmのユーカリを挿す。中央に枝分かれしたユーカリを短く切って挿し、吸水性スポンジを隠す。

2

最初に挿したユーカリの手前に、ほっそりしたスプレーバラを挿す。花ひとつ分下にもう1本を挿す。対角線に開いたスプレーバラを2本短く挿す。すべての花材は大地から生えているように、垂直に挿すのがポイント。

3

バラの上にふんわり乗せるようにフリチラリアを挿す。キューブを回し、2組のバラの間にある隙間にもフリチラリアを加える。きれいな曲線を生かすように。思い切り短くカットして低い位置にも入れると安定感が増す。

4

吸水性スポンジが見えている縁周りにユーカリを短く挿して隠す。全体のバランスを見ながら足りないところにユーカリを入れて整える。全方向、どこから見てもきれいなように。外側にふくらまないよう気をつける。

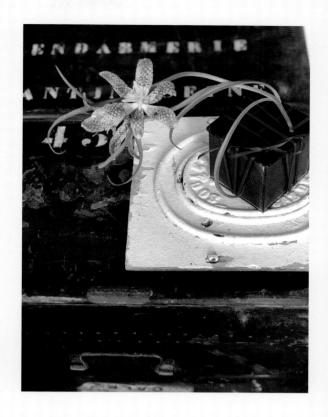

Petit atelier № 11

リボンキューブ

キューブにリボンを巻いて花留めに。
1本の花でもスタイリッシュに決まるテクニック。
テーマや季節でリボンの色や素材を変えてもよし。
複数作って並べたり積み上げたりすれば
華やかなデコレーションになります。

┌─────────┐
│ 用意するもの │
└─────────┘

キューブ花器
（7cm角）1個
サテンリボン
（3mm幅）2m30cm

┌──────┐
│ 作り方 │
└──────┘

1

キューブ右手前の角で、右手親指でリ
ボンを押さえる。リボンはキューブの
底から5cmほど下に垂らしておく。

2

リボンを3周巻く。

3

3周したら、リボンを右手親指の下に
重ねる。

4

親指を離さないようにし、キューブの
向きを90度変え、持ち替える。

5

キューブの左端から右側に向かってリ
ボンを3周巻き、親指の下に重ねる。

6

リボンの端を格子部分にくぐらせ、**1**
で垂らしておいたリボンとチョウチョ
結びにする。

器の選び方

1. 左奥から時計回りに。蚤の市で購入したガラス瓶（直径２cm、高さ33cm 以下同様）、メディシス型メタル花器（19cm、20cm）、ブリキ細バケツ（15cm、30cm）、アイアン花器（12cm、16cm）、陶器ゴブレット（７cm、15cm）、陶器ピッチャー（10cm、22.5cm）2. 愛用のガラス器。右下の奥行きがない花器も使い勝手がよく、おすすめです。

「うちには花器がないから花を飾れない」。花の仕事をしていると何度も耳にする言葉です。じつはわが家の花飾りは花器よりもピッチャーやグラスの登場回数が多いくらい。生活雑器があれば花のある暮らしを愉しむことは充分可能です。

「どんな花器を買ったらいいかわからない」。これもよく聞くフレーズです。そこでこのページでは、実際に私が使っているおすすめの器を紹介します。上の写真はわが家のスタメン花器。特に左

の写真の器は、どんな花にも対応できて重宝しています。市場から買ってきた花や枝は、高さのあるブリキ細バケツへ。ブーケはメディシス型の花器がぴったり。スパイラルに広がった茎が無理なく収まる形で、口径もちょうどいい大きさです。

枝ものやほっそりしたブーケを飾るのに便利なのがピッチャー。枯れた花を整理、残った花を短く切ったらアイアン花器、陶器ゴブレットへ。折れてしまった花を１輪挿しても絵になります。

3. ミモザの花をカクテルに見立ててシャンパングラスへ。大人のままごとを愉しみます。4. 近所のフリーマーケットで見つけた薬瓶。蚤の市より手頃な価格で買い占めました。もっとも出番の多い器です。5. バスケットに花をあしらうときは「落とし」と呼ぶ小さな器を中に仕込んで。6. 蚤の市のがらくたの中で精彩を放っていたバカラのタンブラー。繊細なグラビュール（彫り）が美しい。7. ブリキのバケツはサイズ違いでいくつか持っていると便利です。8. 花市場のブロカント（古物市）店でシャビーな質感と色に惹かれ即購入。一点ものは出会いを逃さずに。

La Chéraille

フォイヤジストの村
シェライユ

広大な敷地に畑が点在。ここにはヤマゴ
ボウ、バラ、スモークツリーが植えられ
ています。その向こうは麦畑。

パリからヴェルサイユを通り、南西に約80km行ったところに、シェライユと呼ばれる村があります。ここはパリのフローリストなら誰でも知っているフォイヤジスト、クリストフの畑があるところ。フォイヤジストとは、葉ものと枝ものを専門に扱う業者のことです。クリストフのトレードマーク、赤いトラックで週2回パリに運ばれる葉や枝はパリスタイル、特にナチュラルなシャンペトルブーケを作るのに必須です。

クリストフの最初にして最大の顧客は、1980年代、当時のフローリストたちが花材とみなして

いなかった葉や枝をブーケに取り入れ、パリの花業界に革命を起こしたといわれるフラワーアーティスト、クリスチャン・トルチュ。私が長年憧れ、研修を熱望した店のオーナーです。

トルチュの店でトップフローリストとして活躍していたヴァンソンが、のちに立ち上げた店が「ローズバッド」。トルチュで働く頃からヴァンソンの花と人柄を高く評価しているクリストフは、切りたての花を満載してパリにやってくる日は、真っ先に「ローズバッド」へ。そして、カフェを片手に愉しそうに語らっています。

　そんなクリストフとともに働いているのが吉田
悠さんです。日本で全国展開をする大きなフラワ
ーショップの店長をしていた悠さんは、社内研修
で講師として呼ばれた私のパリスタイルのブーケ
を見て衝撃を受け、パリへの花留学を決意。退社
後、ワーキングホリデービザで渡仏し、2013 年
に「ローズバッド」の研修生になりました。
　花の栽培にも興味を持った悠さんは、ヴァンソ
ンの紹介でシェライユに住み込みで研修すること
に。その後、パリで結婚してシェライユに移住。
クリストフの敷地にある離れに住んでいます。

1. シェライユでは畑に農薬を使わないようにしています。出
荷する草花も雑草と共存。2. 堆肥のそばに咲く可憐なコク
リコ（ひなげし）。奥に見える納屋ではシェライユで採れる
野菜の販売や、悠さんのレッスンが行われています。3. ス
モークツリーの畑。ベージュ、ピンク、ボルドー色がありま
す。最盛期の初夏から秋はその名の通り、モクモクと煙に包
まれるよう。4. 夕陽を浴びて黄金に輝く麦畑。穂の流れで、
風の通り道が見えます。5. 夏から秋にかけてはフランボワ
ーズを摘んで、頬張りながら敷地を散歩するのが愉しみ。

1. パリより冷え込みが厳しく、雪も降るシェライユの冬。畑の土は凍っています。2. 砂糖菓子のようなローズヒップ。霜が降りた畑はどこも美しく「特に朝陽が当たるときはすばらしいよ」とクリストフ。3. 冬は休業しますが、この日はクリストフのお母さんの誕生日。プレゼントのブーケを作る悠さんと枝の切り出しに。4. 大きな農家を改装。離れに何組もの家族が住み、悠さんもこの一画に住んでいます。

悠さんが子育てをしながら、少しずつ花の仕事を始めていた2020年のことです。桜やリラが咲いてシェライユがもっとも美しく喜びに満ちる春、フランスは新型ウィルス感染対策のため、コンフィヌモン（ロックダウン）に突入。花市場もフラワーショップも休業を余儀なくされました。厳しい冬を越え、せっかく咲いた花々が、畑でただ枯れていくのに耐えられなかった悠さんは、花の配達を計画。反対意見があったものの、悠さんの熱い思いは村の人にも伝わり、ウィルスを運ばないよう細心の注意を払って、週に1回パリへシェライユの花を届けることになりました。

　感染におびえ、誰にも会えず、外にも出られない異常事態が続く日々。ブーケを受け取った人のなかには感激のあまり号泣した人もいたそう。私も悠さんの花配達を頼んでいたひとりですが、シェライユから届く自然の息吹がこれほどまでに心を和ませてくれるのか、と改めて感じ入りました。

　悠さんのセンスで粋にまとめられる、産地直送の新鮮なブーケの評判は瞬く間に広まり、フランスの雑誌に著名な日本の建築家たちと並んで紹介されるまでになりました。

4

　産地直送のブーケは、やがてパリとシェライユに受取場所ができ、レッスンやヴィジット（シェライユ訪問ツアー）へと発展していきます。

　ヴィジットはまず広大な敷地を散策。切り花がどんなふうに生えているのか知ることができ、驚きの連続。写真を撮る手が止まりません。続いて畑で採れた野菜をふんだんに使った手料理をいただきます。悠さんが畑で切り出した花材で行うレッスンは、手にする素材が大地と直結していることを実感できるひととき。切り花をお店で買うだけでは気づけない感覚です。大きな自然を前にすると、自分のエゴを形にするのではなく、自然の姿を生かそうとする謙虚な気持ちが芽生えます。

　華美なものは何ひとつないシェライユですが、自然とともに営む暮らしこそが贅沢なのではないか、と考えさせられる貴重な機会です。

1. クリスマスローズを採取する悠さん。スモモと束ねて2月の配達花に。2. ヤドリギが印象的な牧草地。3. 広い納屋。近所の人たちがリンゴや野菜を買いに来ます。4. 花の宅配常連客から強い希望があり、シェライユツアーを随時開催。冬は石釜で焼くクリストフ手作りのピザ、畑の野菜、息子さんが南仏で作るワインなどでゆっくりランチ。内容はその都度変わります。季節ごとに訪ねたい素敵な場所。

シェライユへの行き方

モンパルナス駅（Gare Montparnasse）からルマン（Le Mans）あるいはシャルトル（Chartres）行きの急行列車に乗り、ランブイエ（Rambouillet）下車。乗車時間は約30分。駅からシェライユまで便利な交通手段はなく、悠さんのツアーに申し込むと車の送迎がある。パリから車だと約1時間。

Granville

風光明媚（めいび）な港町
グランヴィル

1. 海水浴場、ヨットハーバー、漁港と続く海岸。2. カジノ入場には身分証明書が必要。3. 有名なグランヴィルの高潮。防波堤を越えて水しぶきが降りかかる一大スペクタクル。4. よく整備された海岸沿いの遊歩道。野生の草花が可憐。5. カジノのレストランで日没を見ながらディナー。6. 干潮と満潮の差が極めて激しく、毎日変わる海辺は見ていて飽きることがありません。

1. マルシェで買った朝獲りの鯛と地元野菜をオーブン焼きに。塩、コショウ、オリーブオイルだけで美味。2. レストランではもちろん魚料理を選択。3. 特産のオマール海老とムール貝を貸しアパルトマンのキッチンで料理。4. 高台の街のカフェが人気。5. 有機栽培に取り組む若い世代が増えています。6. 濃厚な生クリーム。ノルマンディーといえば乳製品。酪農大国です。7. 毎週土曜に開かれるマルシェ。8. シードルも特産品。9. 採れたてのイチゴ。そのままでも生クリームをつけても。

グランヴィルの隣町、サンペールのフラワーショップ。ハイセンスな品ぞろえで、近隣の町にも次々に店舗を開いています。

1〜5. 高台の街。古い石造りの家に花が映えます。雨が多い地域なのでアジサイが適しています。6. 高台の街に上がる坂道にディルが軽やかにそよいでいました。7. 隣町のサンペールも花であふれる街。教会前の広場に毎週木曜、マルシェが立ちます。8. ロータリーに咲くアガパンサス。切り花でしか見たことがなかったので興味津々。風に揺れるグラミネが隣に植栽されていて、アガパンサスとの取り合わせがきれいでした。

クリスチャン・ディオール美術館。1月から4月上旬は冬季閉館。夏は庭にサロン・ド・テ（カフェ）が開かれます。モード好きにはたまらない場所。一般開放の庭は必見です。

グランヴィルはパリから西へ約290km、ノルマンディー地方にある港町です。世界遺産のモンサンミッシェルも同じ湾にあり、風光明媚なリゾート地。貝類・甲殻類の水揚げはフランス随一で、ムール貝、オマール海老の名産地として知られています。

暖流の影響で1年を通し、比較的温かく、パリから直通電車もあるのでパリジャンの別荘地としても人気。カジノやヨットハーバーもあり「北のモナコ」と呼ばれています。

2月のカーニバル、クラシックカーのフェスティバルで有名なグランヴィルですが、世界的ファッションデザイナー、クリスチャン・ディオールの出身地であることも街の誇り。ディオール氏の生家は美術館として公開され、毎年テーマを新たにした展示で訪れる人々を魅了しています。ディオール氏に多大なインスピレーションを与えた生家の庭は、誰でも無料で入ることができます。よく手入れされた、海を臨むバラ園でくつろぐ人が跡を絶ちません。

グランヴィルはフランスで毎年行われる「花いっぱいの街・村」のコンテストで三ツ星を獲得しています。各家庭の玄関を彩るカラフルな園芸花と、海岸沿いの遊歩道に咲く野生の草花の対比も興味深く、散歩が愉しい街です。横断歩道で待っていると、必ず車が停まってくれ、パリとは違う優しい思いやりにも癒されます。

カジノを擁するビーチ、ブティックが連なるメインストリートとマルシェ、教会がそびえる高台の古い街、ディオール美術館からも近い3ha（ヘクタール）の広さを誇るヴァレフルール公園、というように、歩いて回れる規模の街でありながら、いくつもの異なる表情を見せるグランヴィル。海、花、建築、モード、食……。何度訪れても飽きることのない場所です。時々、こうしてパリ以外の街を訪れると、新鮮な刺激で満たされ、細胞が生まれ変わったような清々しい気分になります。

グランヴィルへの行き方

モンパルナス駅（Paris Montparnasse 3 Vaugirard）から1日4本、グランヴィル（Granville）行きの直通電車が出ています。電車が出るホール3はメトロのモンパルナス駅から徒歩20分ほど離れたところにあるので注意。乗車時間約3時間。車だと約4時間。

アヴィニョンのインテリアショップ。ハンドメイドのワイヤーワークが有名。

La Provence

南仏で出会った
暮らしを彩るもの

パリからアヴィニョンまでTGV（特急）で
3時間強。黄色い壁と光に南仏を感じます。

1. アンティークレースを丁寧に補修し、美しくよみ
がえらせる職人技にため息。2. レースショップオー
ナーの自宅も拝見。すべてアンティークレースで整
えられています。3. レース好きが高じ自宅隣にショ
ップを開いたマダム。

　パリで広いアトリエを構えるのは難しいことも
あり、多くのアーティストは地方で特有の文化を
継承しながら創作に打ち込んでいます。暮らしを
彩るファブリック、器、アンティークの買いつけ
で、南仏へ行く機会に恵まれました。一般公開さ
れていない工房や、丁寧な暮らしが伝わるプライ
ベートスペースを訪問。この旅で出会った食器、
レース、シャンデリアなどは10年以上、大切に
使っています。毎日を愉しくする、美しいものだ
けに囲まれるのが私の理想。フランスは地方ごと
に独自の魅力があるので、今後も花と暮らしがテ
ーマの旅を続けていくのがライフワークです。

1. 街全体が蚤の市、リル・シュル・ラ・ソルグ。2.3. マルセイユ石鹸とラベンダーサシェはお土産の定番。4. 器も愉しみなホテルの朝食。パン、カフェ、ジュースが一般的。

1. 南仏ユゼスの街に代々続くピション窯。ぽってりと厚みのある器は触れるたび優しい気持ちに。2. 工房訪問記念にボウルを購入。食器洗いが愉しくなったのはこのおかげ。3. 素焼きのオブジェも人気。

187

Épilogue

エピローグ

　ちょうど1年前、フランスは第1回目のコンフィヌモン（ロックダウン）が実施されました。スーパーや薬局など、生活必需品を販売する店以外、すべて営業停止。外出は1日に1回、1時間、1km以内に定められ、外出時間と理由を記した書類を携帯しなければ、1万5千円相当の罰金という厳しいものでした。

　最初の1か月は、今までの疲れを癒すかのように、多くの時間を睡眠に費やし、本を読み続け、断捨離をして生活環境を整え、時間ができたらやろうと思っていた金継ぎにも挑戦。目覚まし時計が必要ない生活ってなんて素敵なのかしら、と自由な時間を満喫しました。独りで籠りきりの私を心配してメッセージをくれる人たちに申し訳ないくらい。

　ところが、この「軟禁生活」がさらに1か月延長されると発表があったときは、ショックでしばらく呆然としていたようです。気がつくとすっかり日が暮れて、部屋の中が暗くなっていました。知らない間に、誰にも会えない日々に倦んでいたのです。

　その頃、パリ近郊の花農家の村、シェライユに住む悠さんが、畑から切り出した新鮮な花や枝をパリまで宅配するサービスを始めました。初回、悠さんを応援するつもりで花を注文。すると、私がいちばん好きな桜が届いたのです。2週間に1回しか買い物に行かないほど、徹底的に外出を控えていたので、泣く泣くお花見もあきらめたタイミングでした。早速、飾る場所や花器を変え、夢中になって写真撮影。その後は毎週のように日本に住む友人たちが悠さんに依頼してくれ、産地直送の花がわが家に届きました。長きにわたり閉ざされた私に贈られた激励のプレゼント。感動は勇気に変わりました。

　あるとき、同じように暮らしの潤いを求めて悠さんに花を注文した方から、オンラインレッスンの依頼がありました。以前「ローズバッド」でのレッスンに参加された方で、フラワーショップに並んでいる花とは違う、畑から届いた奔放な形の枝ものに戸惑った様子。オンラインで教えるのは初めての試みでしたが、せっかくの美しい枝を存分に生かしてほしいと思い、挑戦してみることに。すると映像も音声も問題なく、お互い想像以上のレッスンができたのです。この手応えをもとに、日本とパリをつなぐオンラインレッスンがスタート。コンフィヌモンをきっかけに、新しいスタイルでの仕事が生まれました。悠さんを応援するつもりが、逆に私が励まされ、支えられることになりました。

　桜は花が散った後に、生命力あふれる葉が出てきます。数日ごとにすべての花を花器から取り出して、傷んだ部分を取り除きます。そして、ひと回り小さな花器に新鮮な水を張り、小ざっぱりした花や枝を切り戻しながら、活け直すのです。この作業は一見、面倒なようですが、花がきれいになると同時に、自分の心も不思議とクリアになっていきます。

テーブルや床も拭いて、生き返った花を飾ると周りの空気もさっぱり。再び写真を撮っているうちに、愉しい時間が過ぎていきます。こうして心身ともすこぶる元気に、2か月に及んだコンフィヌモンを乗り越えました。花がそばにあったおかげです。

　奇しくもコンフィヌモンが始まるのと前後して、美しい手工芸と暮らしのサイト「つくりら」で月2回の連載を担当させていただくことになりました。私の主な仕事であるレッスンに、日本からのお客様が来られなくなり、突然できたあまりある時間。今まで飛ぶように過ぎていった花との日々を、じっくり振り返る機会になりました。先の見えない日々が続いても不安に流されなかったのは、いただく感想に励まされ、しっかり軸を立てていられたからです。1年間の連載が終わる頃、初回に書いたミモザがパリの街を彩りました。2020年、私たちの暮らしは激変したけれど、自然は変わらず、季節は粛々と進んでいるのだと静かに感激しました。

"La vie est belle, quand même"
(ラヴィ エ ベル コンメム)
　それでもやっぱり、人生は美しい

　私の好きなフランス語で、著書にサインを求められたときに記す言葉です。
　皇帝ナポレオンの辞書には「不可能」という文字はないそうですが、フランスの辞書には「責任感」という文字もないのか？と叫びたくなることが頻繁に起こります。一歩、外に出たら常に警戒しなくてはなりませんし、仕事が遅く、何をするにも時間がかかり、決して住みやすい国とはいえません。それでもこの美しい街で、自分らしく人生を謳歌しているフランス人たちを見ていると「いろいろあるけれど、やっぱり人生はすばらしい」と微笑んでしまうのです。

　そんなパリでの暮らしを支えてくれる友人たち、このような機会を与えてくださった方々、本書を手にしていただいたみなさまに、心から感謝いたします。

2021年3月　第3次コンフィヌモン中のパリにて
斎藤由美

花名索引

品種名も含む

斎藤由美
Yumi SAITO

パリ在住フラワーデザイナー／フォトエッセイスト

信州でフラワーアレンジメント教室主宰後、2000年にパリへ花留学。「クリスチャン・トルチュ」の研修生となり、パリコレ装花や著名人へのブーケ制作に携わる。その後「ヴァルダ」のスタッフとしてコンペに勝ち抜き「ホテル・リッツ・パリ」の全館装飾を担当。2010年よりレッスンと執筆を主軸に活動。初心者からプロまで「人生が変わる」と評判のレッスンは驚異のリピート率を誇る。日本、韓国、中国でもデモンストレーションやレッスンを行う。著書に『二度目のパリ』（ダイヤモンド社）、『ブーケシャンペトル ア・ラ・メゾン』（グラフィック社）、『「コンポジション」フレンチスタイル・アレンジメント』（パイ インターナショナル）他がある。

インスタグラム：@yumisaitoparis
ブログ：「パリで花仕事」
https://ameblo.jp/yumisaitoparis/

Remerciements
Airi, Bernard, Christophe et Yefen, francjour, Mitsuyo, Miyuki,
Rosebud fleuristes, Shigeyuki et Sawako, Vincent, Yu, Yukiko,
M.Kikuhara, Mᵐᵉ.Ikari, Mᵐᵉ.Takahashi et surtout Mᵐᵉ.Sudo

編集　須藤敦子

デザイン　高橋倫代

校正　有限会社玄冬書林

パリスタイルで愉しむ
花生活12か月

2021年8月1日　第1刷発行

著　者　斎藤由美
発行者　吉田芳史
印刷所　株式会社光邦
製本所　株式会社光邦
発行所　株式会社日本文芸社
　　　　〒135-0001 東京都江東区毛利2-10-18 OCMビル
　　　　TEL 03-5638-1660（代表）

内容に関するお問い合わせは、小社ウェブサイト
お問い合わせフォームまでお願いいたします。
https://www.nihonbungeisha.co.jp/

Printed in Japan　112210709-112210709 Ⓝ 01（201087）
ISBN978-4-537-21906-7
URL https://www.nihonbungeisha.co.jp/
©Yumi Saito／NIHONBUNGEISHA 2021
（編集担当：菊原・碇）